Bibliografische Information der Deutschen Nationalbibliothek:

Die Deutsche Bibliothek verzeichnet diese Publikation in der Deutschen National-bibliografie; detaillierte bibliografische Daten sind im Internet über http://dnb.d-nb.de/ abrufbar.

Dieses Werk sowie alle darin enthaltenen einzelnen Beiträge und Abbildungen sind urheberrechtlich geschützt. Jede Verwertung, die nicht ausdrücklich vom Urheberrechtsschutz zugelassen ist, bedarf der vorherigen Zustimmung des Verlages. Das gilt insbesondere für Vervielfältigungen, Bearbeitungen, Übersetzungen, Mikroverfilmungen, Auswertungen durch Datenbanken und für die Einspeicherung und Verarbeitung in elektronische Systeme. Alle Rechte, auch die des auszugsweisen Nachdrucks, der fotomechanischen Wiedergabe (einschließlich Mikrokopie) sowie der Auswertung durch Datenbanken oder ähnliche Einrichtungen, vorbehalten.

Impressum:

Copyright © 2001 GRIN Verlag, Open Publishing GmbH
Druck und Bindung: Books on Demand GmbH, Norderstedt Germany
ISBN: 9783638745437

Dieses Buch bei GRIN:

http://www.grin.com/de/e-book/540/nessie-das-ungeheuer-von-loch-ness

Ernst Probst

Nessie, das Ungeheuer von Loch Ness

GRIN Verlag

GRIN - Your knowledge has value

Der GRIN Verlag publiziert seit 1998 wissenschaftliche Arbeiten von Studenten, Hochschullehrern und anderen Akademikern als eBook und gedrucktes Buch. Die Verlagswebsite www.grin.com ist die ideale Plattform zur Veröffentlichung von Hausarbeiten, Abschlussarbeiten, wissenschaftlichen Aufsätzen, Dissertationen und Fachbüchern.

Besuchen Sie uns im Internet:

http://www.grin.com/

http://www.facebook.com/grincom

http://www.twitter.com/grin_com

Ernst Probst

Nessie,
das Ungeheuer
von Loch Ness

Der Ichthyosaurus

Von Victor von Scheffel

Es rauscht in den Schachtelhalmen,
Verdächtig leuchtet das Meer,
Da schwimmt mit Tränen im Auge
Ein Ichthyosaurus daher.

Ihn jammert der Zeiten Verderbnis,
Denn ein sehr bedenklicher Ton
War neuerlich eingerissen
In der Liasformation.

„Der Plesiosaurus, der Alte,
Er jubelt in Saus und Braus,
Der Pterodaktylus selber
Flog neulich betrunken nach Haus.

Der Iguanodon, der Lümmel,
Wird frecher zu jeglicher Frist,
Schon hat er am hellen Tage
Die Ichthyosaura geküßt.

Mir ahnt eine Weltkatastrophe,
So kann es ja länger nicht gehn.
Was soll aus dem Lias noch werden,
Wenn solche Dinge geschehn?"

So klagte der Ichthyosaurus,
Da ward es ihm kreidig zumut;
Sein letzter Seufzer verhallte
Im Qualmen und Zischen der Flut,

Es starb zu derselbigen Stunde
Die ganze Saurierei,
Sie kamen zu tief in die Kreide,
Da war es natürlich vorbei.

Und der uns hat gesungen
Dies petrefaktische Lied,
Der fand's als fossiles Albumblatt
Auf einem Koprolith.

*Der schottische Hochlandsee Loch Ness
soll die Heimat
eines leibhaftigen Ungeheuers sein.*

Welches Ungeheuer
haust in Loch Ness?

Theoretisch könnte dort ein unbekanntes Tier leben

Mehr als 4000 angebliche Augenzeugen schworen allein im Laufe der letzten 40 Jahre hoch und heilig, sie hätten im schottischen Hochlandsee Loch Ness ein leibhaftiges Ungeheuer gesehen. Trotzdem stehen fast alle Forscher diesen Meldungen immer noch skeptisch gegenüber. Deutsche Wissenschaftler etwa mochten sich bisher mit „Nessie" überhaupt nicht befassen. Für die meisten von ihnen ist das Untier ein alter Aberglaube, eine Erfindung von Wichtigtuern oder das Ergebnis von Sinnestäuschungen.

Angesichts solcher Skepsis und mitunter wohl auch der Befürchtung, sich den Spott der Fachkollegen zuzuziehen, gehört für einen renommierten Forscher schon viel Mut dazu, wenn er zumindest theoretisch die Existenz eines bisher noch unbekannten Wirbeltieres in Loch Ness nicht auszuschließen vermag. Einer dieser wenigen Wissenschaftler, der dies wagt, ist der Wirbeltierpaläontologe Dr. Rupert Wild vom Staatlichen Museum für Naturkunde Stuttgart.

Gleich vorweg sei jedoch klargestellt: Auch der badenwürttembergische Saurier-Experte glaubt nicht im Ernst daran, dass in dem trüben Torfsee heute noch Saurier aus der Urzeit hausen. Verwunderlich findet er es vor

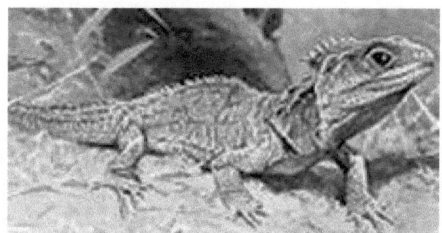

Die Brückenechse Sphenodon
gilt als „lebendes Fossil".

allem, dass bislang mit den modernen technischen Möglichkeiten der Ortung, Fotografie, Verfolgung oder Fangmethoden (Netze) nicht die Existenz des angeblich so oft gesichteten Monstrums nachgewiesen werden konnte. Nicht einmal ein deutliches Foto ist bisher gelungen, sagte er.

Für den Stuttgarter Wirbeltierpaläontologen Wild ist das Phänomen „Ungeheuer in Loch Ness" mit psychologischen Deutungen und Hinweisen auf anorganische Erscheinungen allein noch nicht geklärt und abzutun. Daran ändert auch nichts, dass er weiß, wie sehr bei manchen „Sichtungen" der Wunsch eine Rolle spielt, „Nessie" unbedingt sehen zu wollen. Ebenso ist ihm bekannt, dass in bestimmten Wasserschichten schwebendes Treibholz durch Strömungen des tiefen. Bergsees an die Oberfläche gebracht, fortbewegt oder tiefer verlegt werden kann.

Aber: hat man nicht im vorletzten und letzten Jahrhundert manches bereits ausgestorben geglaubte Tier in irgendeinem abgelegenen Winkel der Erde entdeckt? Wie groß war. doch die Überraschung für die Fachwelt, als die Brückenechse Sphenodon auf einigen Inseln von Neuseeland gefunden wurde? Ähnlich war es in den 1950-er Jahren bei der Entdeckung des Quastenflossers in den Gewässern vor Madagaskar. Jener seltsame Fisch, dessen Vorfahren in der Urzeit zum ersten Mal das Wasser verlassen und an Land gehen konnten, galt bereits seit der Kreidezeit (135 bis 65 Millionen Jahre) als ausgestorben. Zudem gibt es noch heute auf der Erde etliche Gebiete, die ein ähnliches Klima besitzen, wie es im Dinosaurierzeitalter (250 bis 65 Millionen Jahre) herrschte: nämlich die tropischen und subtropischen

Leben in Loch Ness
an die heutigen Verhältnisse
angepasste Plesiosaurier?

Zonen. Vor allem in den Meeren um Südafrika, Australien sowie Neuseeland könnten sich zumindest theoretisch prähistorische Saurer in unsere Zeit hinübergerettet haben.

Doch welche Voraussetzungen bietet der nahezu 40 Kilometer lange, 1,5 Kilometer breite und bis zu 325 Meter tiefe schottische Bergsee Loch Ness für die Existenz schwimmender Großechsen, die dem großen Sauriersterben an der Wende von der Kreidezeit zum Tertiär vor etwa 65 Millionen Jahren entkommen sein könnten? „Kaum welche", sagte Dr. Wild. Er hält wenig von jener oft vorgebrachten Theorie, wonach im Loch Ness an die heutigen Verhältnisse angepasste Plesiosaurier hausen könnten.

Zwar fänden solche räuberischen Echsen in dem fischreichen, Gewässer genügend Lachse, Aale und Forellen zum Fressen, aber solche Monster existierten einst nur in warmen Zeiten, in denen es keine Winter gab. Um bei den heutigen Temperaturen zwischen 5,5 und zehn Grad Celsius im Loch Ness leben zu können, müssten die einst kaltblütigen Plesiosaurier im Laufe von Jahrmillionen warmblütig geworden sein. Nur so könnten sie die kühleren Temperaturen ertragen. Das Problem der Fortpflanzung – bei den Reptilien durch Eier, was man auch von den Plesiosauriern annimmt – wäre dann auch noch nicht gelöst!

Gegen das Vorhandensein solcher Urtiere mit kleinem Kopf, langgestrecktem Schwanenhals, massigem Körper, kräftigen Ruderpaddeln und einem Reptilschwanz spricht noch mehr. Man kennt bisher nämlich keine Embryos von Plesiosauriern bei Muttertieren, so wie es bei den Ichthyosauriern von Holzmaden in Baden-Würt-

9

Dieser „Schnappschuss"
von Nessie,
dem „Ungeheuer von Loch Ness",
entstand im Jahre 1934.

temberg der Fall ist. Daher nehmen die Forscher an, dass diese gewandten Schwimmer wie die anderen Reptilien an Land ihre Eier ablegten, aus denen dann von der Sonne ausgebrütete Junge schlüpften. Versteinerte „Plesiosaurierkinder" sind bisher nicht gefunden worden. Hieraus schließt man, dass die Jungen vermutlich eine Zeit lang an Land lebten vielleicht in Küstengewässern fischten und erst von einem bestimmten Alter (oder von einer bestimmten Größe) an zum Meeresleben übergingen.Demnach müssten also heute noch Plesiosaurier-Muttertiere am Ufer von Loch Ness ihre Eier ablegen, so wie man es von Schildkröten kennt. Der Nachwuchs der Echsen müsste dann hin und wieder an Land gesichtet werden. Derartige Beobachtungen wurden aber angeblich – mit einer Ausnahme – bisher nie gemacht. Und dies, obwohl seit dem Jahre 565 nach Christus angeblich immer wieder Monster beobachtet wurden. Damals vor mehr als 1400 Jahren, soll der heilige Columban der Ältere bereits einen seiner im Fluss Ness schwimmenden Begleiter durch einen Bannfluch vor einem „Seeungeheuer", gerettet haben, nachdem kurz zuvor ein solches Untier angeblich einen Schiffer angefallen und tödlich verletzt hatte. Auch die vielen unscharfen Fotos, die seit dem ersten Schnappschuss vom 13. November 1933 und einem Film vom 12. Dezember desselben, Jahres „zufällig" entstanden, zeigten „Nessie" immer im Wasser und nie auf dem Festland.

Damit noch nicht genug: Loch Ness war möglicherweise noch vor etwa 10000 Jahren ein Fjord. Ein Binnengewässer entstand erst, als sich das vom Gletschereis befreite Land bei Inverness hob und den Zugang zur Nordsee und zum Atlantik abschnitt. Wurde womöglich

„Schnappschüsse"
von „Nessie"

dabei unbekannten Seetieren der Rückweg ins Meer abgeschnitten?

Dazu sagen die meisten Wissenschaftler ebenso wie Dr. Wild: „Nordsee und Atlantik konnten nach der Kreidezeit (sie endete vor etwa 65 Millionen Jahren) keine Saurier mehr beherbergen. Dies war wegen der zunehmenden Abkühlung und der Vereisung der Pole mit dem Ende des Jungtertiärs nicht mehr möglich. „Es könnten sich davor höchstens irgendwelche Tiere dieser beiden Ozeane in Loch Ness aufgehalten haben, die sich auf warme Klimate beschränkt sind.

Was für ein seltsames Geschöpf haust dann in den undurchsichtigen Tiefen des Sees, in den acht Flüsse, 60 große Bäche und mehrere hundert kleiner Rinnsale unzählige Torfpartikel schwemmen, die dem Wasser die Farbe kräftiger. Fleischbrühe verliehen? Hierauf kann kein renommierter Wissenschaftler eine eindeutige Antwort geben. Dr. Wild meint, man könne da an große Welse, an Fluss- oder Seedelphine, die übrigens ähnlich wie Fischsaurier aussehen, oder an große Lurche denken.

Die Molch- oder Salamander-Hypothese wird vor allem von Wissenschaftlern vertreten, die sich 1976 an einer viermonatigen Forschungskampagne in Loch Ness beteiligt hatten. Sie registrierten bei der Sonar-Erkundung des Sees „große sich bewegende Objekte", die mit den bisherigen zoologischen Erkenntnissen über die Tierwelt von Loch Ness nicht erklärbar sind.

In etwa 15 bis 17 Meter Tide meldete das Sonar-Echo einen Kontakt zu einem davon schwimmenden Objekt von etwa zehn Meter Länge. Ein anderes Mal wurde ein Objekt von 13 Meter Länge geortet, dann sogar zwei

Im Lake Champlain,
einem 190 Kilometer langen, schmalen See,
in den US-Bundesstaaten New York und Vermont,
haust angeblich „Champ",
die „amerikanische Nessie".
Oben ein Gemälde, unten ein Foto von „Champ".

sich nebeneinander bewegende Objekte. Außerdem registrierte das Sonar noch spezifische Formen wie „Vorsprünge", „Rundungen", Glieder, Höcker oder Flossen. Und eines der im See geschossenen Unterwasserfotos zeigte eine sich im Wasser bewegende riesige rhombusförmige Flosse. Hatte man eine bis dato unbekannte Kreatur entdeckt?

Der Autor

Ernst Probst, geboren am 20. Januar 1946 in Neunburg vorm Wald im bayerischen Regierungsbezirk Oberpfalz, wurde zunächst Journalist, später Buchautor und schließlich Verleger. Er arbeitete von 1968 bis 1971 als Redakteur bei den „Nürnberger Nachrichten", von 1971 bis 1973 in der Zentralredaktion des „Ring Nordbayerischer Tageszeitungen" in Bayreuth und von 1973 bis 2001 bei der „Allgemeinen Zeitung", Mainz.

In seiner Freizeit schrieb Ernst Probst Artikel für die „Frankfurter Allgemeine Zeitung", „Süddeutsche Zeitung", „Die Welt", „Frankfurter Rundschau", „Neue Zürcher Zeitung", „Tages-Anzeiger", Zürich, „Basler Zeitung, „Salzburger Nachrichten", „Oberösterreichischen Nachrichten", Linz, „Die Zeit", „Rheinischer Merkur", „Deutsches Allgemeines Sonntagsblatt", „bild der wissenschaft", „kosmos", „Deutsche Presse-Agentur" (dpa), „Associated Press" (AP) und den „Deutschen Forschungsdienst" (df).

Aus der Feder von Ernst Probst stammen zahlreiche Beiträge der Buchreihe „Geschichten, die die Forschung schreibt", „Deutschland in der Urzeit" (1986), „Deutschland in der Steinzeit" (1991), „Rekorde der Urzeit" (1992), „Dinosaurier in Deutschland" (1993 zusammen mit Raymund Windolf) und „Deutschland in der Bronzezeit" (1996). Seit 2000 gibt er eine 14-bändige Buchreihe über berühmte Frauen heraus.